PREMIÈRE OCCUPATION

DE

LA LORRAINE

PAR LES FRANÇAIS

(1632-1641)

PAR

M. ROBINET DE CLÉRY

NANCY

IMPRIMERIE BERGER-LEVRAULT ET Cⁱᵉ

18, RUE DES GLACIS, 18

1900

PREMIÈRE OCCUPATION

DE

LA LORRAINE

PAR LES FRANÇAIS

(1632-1641)

PREMIÈRE OCCUPATION

DE

LA LORRAINE

PAR LES FRANÇAIS

(1632-1641)

PAR

M. ROBINET DE CLÉRY

———— ✳ ————

NANCY

IMPRIMERIE BERGER-LEVRAULT ET Cⁱᵉ

18, RUE DES GLACIS, 18

—

1900

PREMIÈRE OCCUPATION DE LA LORRAINE

PAR LES FRANÇAIS (1632-1641)

La Lorraine, duché indépendant séparant la France de l'Empire, était depuis de longues années convoitée par ses deux puissants voisins. A défaut d'une conquête ouverte qui n'eût été possible qu'à la suite de guerres sanglantes et de victoires décisives, les deux souverains rivaux cherchaient à exercer leur influence sur la petite cour lorraine dont l'intérêt évident eût été de garder une scrupuleuse neutralité. Les populations penchaient du côté de la France : *c'est du moins ce qu'affirmait* Charles-Quint dans sa correspondance avec sa sœur Marie, reine douairière de Hongrie, gouvernante des Pays-Bas[1]. Christine de Danemark, veuve du duc François Ier de Lorraine, nièce de l'Empereur, était régente de Lorraine comme tutrice du duc Charles III, encore en bas âge. Cela ne suffisait pas à rassurer Charles-Quint, qui craignait de voir le roi de France Henri II « s'emparer incontinent, s'il ne fait pis, de la duché de Bar et même des forts d'icelle et aultres des pays de Lorraine, — et en ce, ajoutait l'Empereur dans une dépêche confidentielle à sa sœur, *il aura la faveur de la plus grande part des subjets dud. Lorraine, lesquels avec l'inclination que déjà ils ont, prendront cette occasion pour se déclarer ouvertement du costel du Roy de France et pour débouter notre Nyece du gouvernement* ».

L'enlèvement du petit duc Charles III, l'occupation de Metz et des Trois-Évêchés ne devaient pas tarder à justifier les craintes de Charles-Quint.

Cependant, la Lorraine était restée un État autonome. Le long

---

1. Marie d'Autriche, reine de Hongrie, sœur de Charles-Quint, née à Bruxelles en 1503, gouvernante des Pays-Bas de 1531 à 1555, *femme caute et subtile*, dit François de Rabutin.

règne de Charles III s'était achevé sans encombre malgré les troubles causés par sa participation à la Ligue : son fils, le duc Henri II, lui avait succédé en 1608. Prince faible et indécis, il crut assurer sa succession à sa fille Nicole en lui faisant épouser son cousin germain, Charles de Vaudémont. Ce mariage fit le malheur de la princesse Nicole et celui de toute la Lorraine. Pour la cour de France, Nicole était la vraie duchesse de Lorraine et son mari n'avait que les droits d'un prince consort. Mais celui-ci ne l'entendait pas ainsi : il voulut régner et il régna sous le nom de Charles IV. Dès son avènement, il donna libre carrière aux plus dangereuses fantaisies. Amoureux de toutes les femmes, même de la reine de France, promettant aux unes le mariage, épousant les autres sans se soucier de ses mariages précédents, guerroyant à travers l'Europe au lieu de défendre son duché, mêlé à toutes les intrigues, il offensa personnellement Louis XIII et le cardinal de Richelieu dont il contrecarrait la politique. La rude main du cardinal s'appesantit sur lui. Charles IV, de connivence avec les Impériaux, leur avait laissé occuper les places fortes de Vic et de Moyenvic. En décembre 1631, Louis XIII se rendit à Metz, et son armée, commandée par le maréchal de la Force, s'empara de ces deux places : d'où le traité de Vic (6 janvier 1632), par lequel le duc de Lorraine s'engagea à renoncer à toute alliance contraire aux intérêts de la France. Il promettait de donner passage aux armées françaises marchant vers l'Allemagne et d'unir ses troupes à celles du roi. Il donnait en gage pour trois ans la forteresse de Marsal.

Six mois ne s'étaient pas écoulés que la guerre éclatait de nouveau. Louis XIII et le cardinal envahissaient la Lorraine. Les troupes lorraines étaient taillées en pièces, Saint-Mihiel ouvrait ses portes et Nancy était investi. Charles IV signait alors le traité de Liverdun (26 juin 1632) qui confirmait le traité de Vic et qui livrait au roi pour quatre ans les places fortes de Stenay et de Jametz, lui cédant définitivement la ville et le comté de Clermonten-Argonne, moyennant le paiement d'une indemnité. Stenay, qui assurait à son possesseur le libre passage de la Meuse soit vers le Luxembourg, soit vers la Champagne, était depuis un siècle l'objet des aspirations de la France. François Ier en avait obtenu, en 1541, la cession du duc Antoine de Lorraine « pour le bien de la couronne de France et sûreté des frontières d'icelle » ! Charles-Quint avait protesté, Stenay étant un fief mouvant du duché de Luxembourg, et, par la paix de Crespy, le 21 décembre 1544, il

en avait exigé la restitution au duc de Lorraine. Henri II s'en était
emparé de nouveau en 1552 et y avait fait construire d'importantes
fortifications : le traité de Cateau-Cambrésis l'avait obligé en 1559
à rendre cette place au duc Charles III.

Aussi Richelieu exigea-t-il l'exécution immédiate du traité de
Liverdun. Un manuscrit inédit d'un ancien maire de Stenay, Jean-
Grégoire Denain, qui vivait au dernier siècle, manuscrit qui ren-
ferme des documents très précieux pour l'histoire de cette région[1],
raconte cette prise de possession : « Le roi exécuta pour Stenay et
Jametz ce traité qui assurait à la France le cours et le commerce
libre de la Meuse... Le 4 juillet (1632), jour fixé pour la remise de
Stenay, Simon de Pouilly[2], à la tête de la garnison lorraine, quitta
cette ville, et le comte de Lambertye en prit possession pour le roi
avec une autre française. Ce nouveau gouverneur fit prêter aux
habitants le serment de fidélité, inventorier toutes les armes et
munitions dans la ville et la citadelle... Dun, regardé dépendance
de Stenay, subit le même sort et tomba également dans la puissance du roi... Quoique Stenay, Dun et Jametz fussent entre les
mains du roi, la législation et les revenus demeurèrent à Charles.
Ses ordonnances y étaient exécutées pendant ce dépôt à l'ordinaire pour le civil. »

La bonne harmonie parut un instant rétablie, et Richelieu,
traversant Pont-à-Mousson le 6 juillet 1632, écrivit à Charles IV
une lettre personnelle l'assurant de « la continuation de son affection[3] ».

Les choses ne tardèrent pas à se gâter, car, quinze jours après
— le 20 juillet 1632 — le cardinal, alors à la Petite-Pierre, dut
donner au duc de Lorraine un avertissement sévère. Il s'agissait
de l'exécution de la clause du traité de Vic qui obligeait Charles IV
à unir ses troupes aux troupes françaises. Les officiers lorrains s'y
refusaient, « comme s'ils estoient, écrivit le cardinal, de trop bonne
maison pour servyr le Roy, ce qui n'estant pas, il n'y a personne
qui ne juge que leur reffus ne leur tienne lieu de compliment auprès de Votre Altesse[4] ».

---

1. Ce manuscrit est la propriété de M. Paul Lallemand, conseiller honoraire à la
Cour de Besançon.
2. Simon de Pouilly, conseiller d'État, chambellan du duc de Lorraine, gentilhomme
de sa chambre, maréchal du Barrois, baron d'Esne, seigneur de Louppy-aux-Deux-
Châteaux, Pouilly, Remoiville, Juvigny, Han, Quincy, Hautmont, Malencourt.
3. Bibliothèque nationale : *Collection de Lorraine*, t. 16.
4. *Idem.*

Le duc de Lorraine soulevait en outre des difficultés au sujet de la remise de Dun, non prévue par le traité :

« Le duc, dit Denain, qui apprit que Dun lui était enlevé, fit la même année devant notaires à Épinal sa protestation qu'il n'avait jamais eu intention de distraire cette ville de son duché de Bar, mais, comme il n'était pas en état de la soutenir, elle demeura sans effet. »

Il est certain cependant que Dun conserva jusqu'en 1634 son gouverneur lorrain, Albert de Orey de la Neufville.

*
* *

Charles IV ne signait un traité que pour s'en affranchir dès que cessait la contrainte à laquelle il avait cédé. Il comptait s'appuyer sur l'Empereur pour se soustraire à l'obligation d'abandonner à la France le comté de Clermont-en-Argonne. Chauvallon lui écrivait le 24 juin 1633 :

« Je veois bien, Monseigneur, que ce qui augmente le soupçon est un discours que M. de Guron[1] mande que M. Jamyn[2] luy a tenu en passant à Clermont, lequel j'ay appris de M. Bouthillier[3], qui est qu'en vain l'on travailloit à l'évaluation du domaine, que Clermont estoit un fief impérial, que le traité avoit été faict par force dans le cabinet de Monsieur le cardinal et partant qu'il ne pouvoit obliger Vostre Altesse. C'est là ce qui pique ces messieurs icy qui de la conclusion et résultat de conférence qui se tient sur ce subiect tireront des conséquences et prendront leurs mesures, car l'on m'a bien peu dire que Clermont n'est pas plus fief impérial à présent qu'il estoit lors du traité, que Votre Altesse n'en ignoroit pas la qualité et que sy la première elle en viole la foy, elle peut bien en iuger la conséquence[4]. »

Un pareil langage était le présage d'une rupture. Elle ne se fit pas attendre. Charles de Lorraine avait blessé Louis XIII dans son orgueil royal en consentant au mariage clandestin de sa sœur avec Gaston d'Orléans, frère du roi.

« Ceux qui ne peuvent sans jalousie voir l'esclat de notre gloire,

---

1. M. de Guron, envoyé de Richelieu en Lorraine.

2. Jamin, conseiller secrétaire d'État, commandements et finances de Son Altesse et Garde du Trésor de ses Chartes.

3. Bouthillier, conseiller au Parlement, puis conseiller d'État, secrétaire d'État aux affaires étrangères.

4. Bibliothèque nationale : *Collection de Lorraine*, t. 16.

disait un des messages de Louis XIII au Parlement, et cette haute
réputation qu'il a pleu à Dieu sous nostre regne redonner à la
France le firent resoudre contre les Loix et les Maximes les plus
inviolables de nostre Estat, à contracter mariage avec la princesse
Marguerite, sœur de nostre cousin le duc de Lorraine, sans nous
en donner advis et sans nôtre consentement, afin de tascher à le
rendre irreconciliable avec nous par ce mespris si sensible et par
cette injure si grande qu'ils scavoient bien que nous ne pourrions
la dissimuler. »

Montmorency à la veille d'être décapité après sa défaite de Cas-
telnaudary avait confirmé la réalité de ce mariage, nié par Gaston
d'Orléans, et celui-ci s'était réfugié à Bruxelles en traversant Dun
encore au pouvoir du duc de Lorraine : « Gaston d'Orléans, dit le
manuscrit de Denain, traversa la Champagne et vint en novembre
se rendre avec sa maison et ses domestiques, au nombre d'environ
150 hommes et autant de chevaux, à Dun, d'où il envoya avertir
la gouvernante des Pays-Bas de son arrivée prochaine à Bruxelles.
Il quitta de suite Dun et, venant passer devant Stenay, il sortit
de France et se rendit à Bruxelles. »

Gustave-Adolphe venait d'être tué à Lutzen. Charles de Lorraine estima le moment favorable pour s'affranchir des traités de
Vic et de Liverdun. Le génie impitoyable de Richelieu fit face à
tous les périls. Il envahit la Lorraine, où il conduisit de nouveau
Louis XIII en personne. Le roi, qui venait d'instituer le Parlement
de Metz, lui annonça par lettre qu'il était obligé d'attaquer le duc
de Lorraine, « ce prince ayant publiquement contrevenu aux traités en maintenant des intelligences avec les ennemis de la couronne ».

Louis XIII arriva sous les murs de Nancy. Hors d'état de résis-
ter, Charles IV tenta encore de négocier. Mais il devait rencontrer
désormais la résolution la plus ferme de ne pas se fier à ses pro-
messes. Le 6 septembre 1633, il fut obligé de signer le traité de
Charmes qui donnait au roi de France le droit d'établir une garnison dans sa capitale.

« Le 24 septembre, les troupes lorraines sortirent de Nancy et
les troupes du roi y entrèrent. Le 25, le roi fit en carrosse, par la
porte Saint-Nicolas, son entrée dans la ville accompagné du cardinal de Lorraine[1]; Richelieu suivit de près. Le 26, la reine Anne

---

1. Le cardinal Nicolas-François, évêque de Toul, frère de Charles IV.

d'Autriche, venue de Toul, pénétra à Nancy par la porte Saint-
Jean[1]. »

Le comte de Brassac y fut laissé comme gouverneur avec une
armée de 6,000 hommes. Tout le duché de Bar était occupé en
vertu d'un arrêt du Parlement. « Les villes de Lorraine, dit dom
Calmet, se trouvant sans défense, ouvrent leurs portes à mesure
que le Roi ou ses officiers s'avancent dans le pays. Épinal se rend
au maréchal de la Force, Charmes au comte de Suze, Lunéville
au marquis de Sourdis, les châteaux de Condé-sur-Moselle, La
Chaussée, Conflans-en-Jarnisy, Mars-la-Tour, Prény, Bouconville
et Mandres reçoivent garnison française. »

La vieille forteresse de Dun-le-Chastel, sur la Meuse, fut occupée une des dernières. Le 8 mars 1634, le gouverneur de Dun,
fidèle à son serment, écrivait au duc Charles IV :

> « Monseigneur[2],
>
> « Le sieur Mayeur de Dun ma communiqué une lettre en forme
> de mandement de Monsieur le Mareschal de la Force, du troi-
> siesme du présent mois, du camp de Metz portant de recepvoir le
> régiment du sieur de la Borde, en garnison audict Dun, sans dif-
> ficulté, fournir logements et vivres nécessaires en payant suyvant
> l'estat aux promesses de faire conduire les soldats en tel qu'il n'y
> aura mescontantemeut.
>
> « Pourquoy ledict Mayeur ma dict navoir voulu faire responce
> qu'il ne men aye parlé. Aquoy lui ay reparty ne pouvoir permettre
> l'entrée sans la permission de Vostre Altesse, sur ce ils se sont
> mis es villages proches ledict Dun. Je suis attendant les comman-
> dements et ordres qu'il plaira à Votre Altesse me donner pour my
> conformer et demeurer à tousjours
>
> « Monseigneur
> de Votre Altesse
> « Le tres humble et tres obéissant serviteur
> et vassal
> « ALBERT DE OREY
> LA NEUFVILLE. »
>
> De Dun, le 8 mars 1634.

---

1. *Les Mémoires du comte de Brassac, gouverneur de Nancy*, par Ch. Pfister.
2. Bibliothèque nationale : *Collection de Lorraine*, t. 16, f° 144.

La lettre porte comme suscription :

A Son Altesse.

M. de la Neufville d'Orey, du 8 mars 1634.

Cette lettre parvint-elle à son adresse ? Depuis le 19 janvier 1634, le duc avait abdiqué en faveur de son frère, le cardinal Nicolas-François, et avait quitté ses États. Le 22 janvier, le comte de Brassac écrivait au secrétaire d'État Bouthillier :

« Madame la princesse de Falsebourg[1] arriva et vint mettre pied à terre à mon logis. Elle commença par des pleurs, et le sommaire de tout son discours fut que Monsieur son frère ayant jugé, par les procédures que l'on faisoit à Paris contre luy, que l'on attaquoit son honneur et sa vie, il laissoit ses estats, dans lesquels il ne pouvoit trouver de sûreté, et s'en alloit en Bavieres, que dans deux jours il m'envoiroit un gentilhomme, non pour me donner rendez-vous de parler à luy (ne le pouvant faire), mais pour me dire qu'il ne le pouvoit et pour me donner avis de son départ, me priant de mander au Roy et à Mgr le cardinal la désolation en laquelle il la laissoit et toute sa maison[2]. »

Quoi qu'il en soit, Dun dut se rendre sans coup férir. Le 6 novembre 1634, Samuel de la Nauve, conseiller du Roi en ses conseils d'État et sa cour de Parlement, vint prendre possession légale de Stenay et de Dun.

L'abrogation de la coutume de Saint-Mihiel et la mise en vigueur de la coutume de Sens furent proclamées.

« En présence de tous les assistans, dit le procès-verbal, nous avons mis ledit seigneur Roy en la personne de Me René Pousset, substitut de son procureur général, en possession réelle et actuelle de ladite ville, citadelle, bailliage, justice et prévosté, terres et seigneurie de Stenay, avec ses circonstances et dépendances, ensemble des ville, chasteau, justice, prevosté, terre et seigneurie de Dun en dépendant, par la tradition de l'original dudit arrêt ès mains dudit Pousset, introduction et installation en l'auditoire dudit Stenay. »

Les clefs de la citadelle furent également remises au substitut Pousset, « lequel remit lesdites clefs ès mains dudit sieur comte

---

1. La princesse de Phalsbourg, sœur du duc Charles IV.
2. *Les Mémoires du comte de Brassac, gouverneur de Nancy*, par Ch. Pfister.

de Charost[1] qui a promis et juré de garder lesdites ville et citadelle de Stenay, ville et château de Dun pour le service du Roi ».

*
* *

Charles IV s'était retiré, non en Bavière, mais à Besançon où
il devait rencontrer Béatrice de Cusance. On sait qu'il l'épousa,
sans se soucier de l'existence de sa première femme à qui il devait
la couronne. A peine était-il parti qu'un autre roman, non moins
extraordinaire, se produisit dans la famille ducale de Lorraine.

« La princesse Claude[2], dit M. Pfister, aimait d'une affection
tendre son cousin germain le cardinal ; celui-ci fut gagné par cet
attachement où se trouvait d'ailleurs aussi son intérêt. Par leur
mariage ils confondraient leurs droits à la couronne de Lorraine ;
on cesserait d'opposer le régime de la *quenouille*, favorable à Nicole et à Claude, et le régime salique qu'avait invoqué Charles IV.
Ils étaient décidés dès lors à s'unir, Nicole fut la complice de leur
projet... Tandis que La Force entrait dans la place (de Lunéville)
le 17 (février 1634), à sept heures du soir, il (le cardinal) fit venir
en secret le P. Perpète Marets, prieur de l'abbaye de Saint-Remi,
occupée par des chanoines de la congrégation réformée par saint
Pierre Fourier. Sur ses conseils, il se donna, comme évêque de
Toul, toutes les dispenses requises ; cela fait, il abdiqua son
évêché et épousa solennellement sa cousine Claude. Le P. Perpète
Marets consacra leur union ; deux autres religieux servaient de
témoins, et aussitôt, comme il fallait mettre les Français en présence de l'irréparable, le mariage fut consommé, tandis que les
Français se répandaient dans la ville et y cherchaient leurs loge-
ments. »

La politique n'était pas le seul mobile de cette étrange union,
car Brassac écrivait à Bouthillier : « Il est notoire que jamais
femme n'a esté si passionnée qu'elle a esté et est encore du cardinal, ce qu'elle tesmoigna le soir de ses nopces, par la sollicitation
qu'elle-mesme fit, si résolue à cette action que la dame de Galéan,
qui a tousjours esté auprès d'elle et qu'elle ayme de tout temps,
n'eut pas le crédit de luy faire comprendre qu'il faloit attendre. »

Il écrivait encore dans une autre lettre : « Vous pouvez derechef
assurer le Roy que jamais femme ne fut plus amoureuse d'homme

---

1. Louis de Béthune, comte, puis duc de Charost, conseiller du Roi en ses conseils
d'État et privé, capitaine des gardes, gouverneur et ensuite bailly de Stenay et de Dun.
2. La princesse Claude, fille du duc Henri II, était sœur de la duchesse Nicole.

que celle-cy est amoureuse de celuy que l'on dit qu'elle a espousé. »

Le comte de Brassac exigea que la princesse se rendît à Nancy. « Le cardinal, ajoute M. Ch. Pfister, épris d'amour, demanda la permission d'accompagner sa femme; ce qu'on n'osa lui refuser. »

La cour de France fit des observations au sujet de la validité d'une pareille union « veu que le seul cardinal, comme ayant l'authorité spirituelle en Lorraine, a pu donner dispense des bans qui n'ont point esté faits, mais qui ne l'a pu donner pour soy-même ». Le pape fut moins difficile. « Le roi, dit M. Ch. Pfister, aurait bien voulu casser l'union. Urbain VIII, dominé par la faction espagnole, autorisa le mariage ; il laissa même à l'ancien cardinal une forte pension sur ses bénéfices. Les dispenses arrivèrent à Nancy le dimanche 19 mars, et, le lendemain, les deux époux, munis de toutes les pièces nécessaires, firent confirmer en secret leur union par le curé de Saint-Epvre, en leur chambre du palais ducal... Le pape, après la démission de Nicolas-François, sous le prétexte que les commendes possédées par les cardinaux lui retombaient sous la main, s'était empressé de nommer aux huit abbayes (Saint-Arnould de Metz, Saint-Pierremont, Saint-Mansuy de Toul, Villers-Bettnach, L'Isle, Senones, Bouzonville et Saint-Mihiel [1]) et au prieuré d'Insming, possédés par Nicolas-François. »

Les deux époux ne devaient pas tarder à s'enfuir de Nancy déguisés en vignerons, ce qui donna lieu à de jolis vers attribués à du Boys de Riocour :

> La vigne où vous allez travailler par ensemble,
> Cultivez-la si bien que le fruit vous ressemble
> Et soit digne de vous.

Le fruit de cette union a été la dynastie des Habsbourg-Lorraine, régnant actuellement en Autriche. C'est en effet un descendant de Nicolas-François et de la princesse Claude qui a épousé l'impératrice Marie-Thérèse : la famille impériale d'Autriche est tout entière issue de ce mariage.

*
* *

La possession de la Lorraine fut loin d'être paisible pour les lieutenants de Louis XIII. Malgré tant de fautes commises, la

---

1. L'abbaye de Saint-Mihiel fut donnée au cardinal Bichi, créature d'Urbain VIII.

noblesse lorraine restait attachée au duc Charles. Le clergé et les couvents conspiraient ouvertement contre la domination française. « Les religieux surtout, dit M. Ch. Pfister, se déclaraient avec force contre les Français alliés aux hérétiques suédois. » Le maréchal de La Force assiégeait la forteresse de la Mothe qui prolongeait sa résistance.

La situation était telle que, malgré ses sentiments personnels de modération, le comte de Brassac dut souvent sévir. Dans une lettre conservée au ministère des affaires étrangères, il écrivait le 29 juin 1634 : « Monsieur de Lorrayne a adverti tous ses serviteurs qu'il doit bien tost retourner avec une puissante armée ; qu'il a receu de Nancy un député qui lui assure qu'il y a assez d'habitants pour coupper la gorge à la garnison et qu'en tous cas ils se pourront saisir d'une porte et la tenir un jour, qu'ils feront leurs assemblées dans les capucins et les jésuites... [1]. »

En 1635, à la suite des succès des Impériaux, Charles IV jugea le moment opportun pour reparaître dans son duché. Dès le mois de février Richelieu décida d'augmenter l'armée d'occupation « sur les advis reçus de l'entrée dans la Lorraine de quelques forces ennemyes qui font contenance de vouloir entreprendre des choses préjudiciables au bien du service du Roy et au repos dudit pays [2] ».

Le 12 mai 1635, Louis XIII signait à Saint-Quentin une déclaration « pour la recherche et punition des Lorrains ayant intelligence contre le service du Roy et faire contribuer le pays pour l'entretenement des troupes de Sa Majesté ». Cette déclaration expliquait que ces mesures étaient devenues nécessaires « depuis que les déportements et entreprises du duc Charles au préjudice de tous contracts que nous avions faits avec luy et que les pernicieuses pratiques qu'il a faictes tant dedans que dehors notre royaume pour nous suciter des ennemis en tous les endroits où il a peu avoir quelque accez nous ont obligé de luy faire la guerre et de rentrer en armes dans son pays pour le reduire entièrement sous notre obéissance après la prise des principales places qui avoyent voulu faire résistance, et le serment de fidélité reçu de tous les bans dudit pays... »

Le soulèvement était des plus sérieux. En juillet 1635, le duc Charles s'était emparé de Remiremont occupé par une garnison

---

1. M. Ch. Pfister nous apprend que les capucins étaient voisins des jésuites et que la porte qu'il s'agissait de livrer était la porte Saint-Nicolas de la ville neuve.
2. Archives historiques du ministère de la guerre.

française. « M. de Lenoncourt, dit Dumont, voyant tout le pays *se trémoasser*, ne put rester en arrière ; il assembla 1,200 hommes d'infanterie et 400 chevaux ; il marcha sur Saint-Mihiel, et, à l'aide des habitants, dociles à la voix de leur bailli, il en délogea la garnison française [1]. »

Pour la quatrième fois, Louis XIII conduisit lui-même son armée en Lorraine. Le 27 septembre 1635 Saint-Mihiel fut investi. Charles IV était alors à Rambervillers. « On courut, dit Dumont, à Rambervillers vers le Duc, qui engagea à tenir bon, en attendant le secours qu'il allait envoyer. »

Louis XIII pressait en personne les travaux du siège, si bien qu'un boulet tiré de la ville atteignit son carrosse. Le 3 octobre, Saint-Mihiel capitula. Le roi traita ses défenseurs non en belligérants, mais en rebelles. Les principaux chefs, MM. de Lenoncourt, de Salins et le capitaine Mauljean, furent envoyés à la Bastille ; les autres officiers furent incarcérés à Bar, à Saint-Dizier et à Châlons ; les simples soldats furent envoyés aux galères. Il est vrai que presque tous s'évadèrent : sur 1,400, il en arriva à peine 150 à Marseille.

En 1638, les défenseurs de Lunéville, un instant reconquis par le duc Charles, furent traités avec la même rigueur. Les soldats, français et lorrains, faits prisonniers dans la place, furent envoyés aux galères « pour avoir porté les armes contre le service du Roi ».

M. de Lenoncourt resta détenu à la Bastille jusqu'au 24 janvier 1638 [2].

*
* *

Le duc Charles continua pendant plusieurs années à tenir la campagne, unissant de plus en plus son sort à celui des Impé-

---

1. *Histoire de Saint-Mihiel,* par Dumont.

2. La minute de l'ordre d'élargissement de M. de Lenoncourt existe à cette date aux Archives historiques du ministère de la guerre. Elle est ainsi conçue :

« Mons. du Tremblay, ayant reçu la promesse du Sr de Lenoncourt par laquelle il s'oblige de ne jamais porter les armes contre mon service et de n'avoir intelligence ny pratique avec le duc Charles et ceux de son party ny avec mes ennemis directement ou indirectement soubz peine de confiscōn de corps et de biens et celle des Srs abbé de Robiez et de Joyeuse respondant pour ledit Sr de Lenoncourt de l'exécution de sa promesse soubz peine de confiscōn de tous biens, Je vous faictz cette lettre pour vous dire que vous ayez à mettre ledit Sr de Lenoncourt en pleine et entière liberté après touteffois qu'il aura entièrement satisfaict au payement de ce qu'il vous doibt pour sa nourriture et despense depuis qu'il est prisonnier au chasteau de la Bastille. Sur ce je prie Dieu, etc. »

riaux. A plusieurs reprises, non seulement la Lorraine, mais la frontière de la Champagne furent menacées.

« Au commencement de l'année 1636, dit Denain dans ses *Mémoires*, une troupe de Croates, Polaques et Hongrois au nombre de 6,000 à 7,000 hommes vint à Juvigny, Louppy et autres lieux de la dépendance où ils firent des ravages considérables, rançonnant tout le monde, tuant ceux hors d'état de leur donner ou qui différaient, et brûlant tous les endroits par lesquels ils passaient. Ils poussèrent jusqu'à Montfaucon où ils mirent le feu à 17 villages des environs. » Quelque temps après, la même troupe fit une tentative infructueuse contre Stenay. Elle se rejeta sur Mouzay, dont les habitants se barricadèrent dans l'église. « Quoiqu'une partie des leurs, ajoute Denain, déjà montés sur le toit, aient commencé à y mettre le feu, ils furent obligés de renoncer à leur entreprise. Les habitants en furent quittes pour leurs cloches cassées — les meilleures du pays. — et pour l'incendie d'une partie de leurs maisons. »

Les deux rives de la Meuse étaient saccagées.

Un fonds de 18,000 livres, à compléter par des redevances et corvées, fut mis à la disposition de Dosny, intendant des fortifications et finances pour la province de Champagne. Sa commission indiquait en ces termes les travaux à faire :

« Les courses que les ennemis font sur nos subjects de ladite province de Champagne par les *gays* de la rivière de Meuse qui sont en grand nombre de ce costé là nous ayant obligé de songer au moyen de les en empescher, nous avons considéré qu'il n'y en a point de plus seur *ay* de plus facile que de faire construire des tours sur ces passages qui sont au nombre de trente-huit et de les faire garder par dix hommes chacune, sçavoir par deux soldats et un sergent qui seront tirez des garnisons voisines et sept hommes de milice qui seront fournis tour à tour par les villages et bourgs exposés aux courses des ennemis. »

Cet ordre ne paraît pas avoir été immédiatement exécuté, car il fut renouvelé le 18 avril 1646. Fabert, nommé en 1642 gouverneur de Sedan, attachait un grand prix à ces redoutes : il en avait été construit également sur les bords de la Chiers.

Le nombre de ces tours était réduit à douze dès 1655, car à cette date Fabert proposait « d'imposer 4,200 livres sur les sujets du Roy d'entre Aisne et Meuse protégés par le moyen des tours que Sa Ma^té a ordonné estre restablies le long de la rivière de

Meuse et estre gardées par un nombre suffisant de gens de guerre
pour empescher les courses des ennemis en deça delad. rivière,
et ce jusques au nombre de douze tours.

« Imposer et lever sur les sujets de Sa Ma^{té} qui contribuoient
au Luxembourg la somme de 13,860 livres par chacun an pendant que la guerre durera pour le paiement de la subsistance de
cent trois soldats, unze sergent et un lieutenant qui tiendront
garnison dans les douze tours estant le long de la rivière de
Meuze, savoir led. lieutenant et quinze soldats dans la tour de
Dun, un sergent et huict soldats à chacune des unze autres tours
et à raison de vingt sols par jour aud. lieutenant, douze sols à
chacun des unze sergent et six sols à chacun des 103 soldats
(1,155 livres par mois) [1]. »

Ces douze tours sont portées sur une carte du Verdunois
exécutée en 1704 par Jaillot, géographe du Roi, comme existant à
cette époque ; ce sont les suivantes :

Tour de Lestane ;
Tour de Pouilly ;
Tour d'Inor ;
Tour de Martincourt ;
Tour de Sassay ;
Tour sur la rive gauche, touchant à l'île de Dun ;
Tour à Villosne ;
Tour à Consenwe (Consenvoye) ;
Tour de Regneville ;
Tour de Champs ;
Tour de Charny ;
Tour de Tierville.

Le cours de la Meuse était ainsi fortifié de Mouzon à Verdun.

La tour de l'île de Dun existait encore au commencement du
siècle : plusieurs habitants en ont conservé le souvenir. Elle est
d'ailleurs mentionnée dans une lettre adressée par le général baron Radet, chargé en 1814 de la défense de la Meuse, au prince
vice-connétable, major général :

Grande Armée, 25 janvier 1814.

« Je dois faire couper sous deux jours les trois ponts existant
entre Verdun et Dun. Je placerai une compagnie entre les deux

---

[1] Archives historiques du ministère de la guerre.

ponts de Dun qu'il sera facile de garder et de défendre en ôtant quelques planches ou madriers qui seront superficiellement replacés en long pour le passage de l'infanterie et que l'on retirera à volonté en cas d'attaque.

« Il y a une ancienne redoute sur la rive gauche pour défendre le second pont qui peut servir à nos besoins aux troupes que pourrait envoyer le maréchal duc de Turenne (Tarente) et aux gardes nationales que je vais créer sur la rive droite. »

Le pont qui conduit de la gare à la ville porte aujourd'hui encore le nom de pont de la Tour.

*
* *

Richelieu ne voulut pas s'en tenir à la défensive. Il chargea une armée placée sous le commandement de Gaspard de Coligny, maréchal de Chastillon, petit-fils de l'amiral de Coligny, de s'emparer de la place de Damvillers, dépendant du Luxembourg. Quand on visite aujourd'hui cette modeste bourgade, on a peine à se rendre compte de l'importance militaire qu'elle a eue autrefois. Prise, reprise, détruite, reconstruite, elle passait sous Louis XIII comme « une des plus importantes et plus fortes, non-seulement du Luxembourg, mais de toute l'Europe [1] ».

Des instructions envoyées le 23 janvier 1637 à M. de Feuquières, gouverneur de Verdun, prouvent qu'on avait espéré s'emparer de Damvillers autrement que par la force ouverte :

« Instruction pour M. de Feuquière.

« Sur la proposition qui a esté faite à Sa Majesté qu'il se trouve un collonel estranger qui offre de livrer et de mettre ès mains de telle personne que Sa Majesté ordonnera la ville de Damvillé au Luxembourg moyennant qu'il plaise à Sa Majesté de retirer dans ses États avec employ honorable le susdit collonel et ses troupes et qu'il luy sera payé comptant à la délivrance de ladite place la somme de quatre-vingt-dix mille livres.

« Comme aussy que le susdit collonel promet de livrer ès mains dudit sieur de Feuquière ou autre qu'il plaira à Sa Majesté nommer la personne du prince François qui commande partie des troupes ennemies dans ledit pays de Luxembourg aux mêmes conditions que la susdite place.

---

1. Commission de gouverneur de Damvillers au baron Dannevoux (29 octobre 1637).

« Sadite Majesté donne pouvoir audit sieur de Feuquière d'accepter les susdites offres et de promettre en son nom retraitte et employ honnorable dans ses Estats au susdit collonel et à ses troupes, et en outre la somme de quatre-vingt-dix mille livres comptant en livrant la dite place de Damvillers. Pour ce qui est de la récompense pour la prise et délivrance du susdit prisonnier, Sadite Majesté donne pareillement pouvoir de promettre retraitte et employ honnorable dans ses Estats au susdit collonel et à ses troupes, et en outre de lui payer tout ce qui proviendra de la rançon du susdit prince, et présentement la somme de six mille livres pour rafraîchissement à ses troupes. Promettant Sa Majesté en foy et parolle de Roy l'entière exécution de tout le contenu cy-dessus.

« Faict à Fontainebleau le xxiii janvier 1637.

« Louis. »

Ce beau projet ne put pas se réaliser. Le maréchal de Chastillon reçut l'ordre de mettre le siège devant Damvillers.

Auparavant il devait assurer la sécurité de la frontière. « Mon cousin, lui écrivait Louis XIII le 22 mai 1637, ayant sceu qu'il y a plusieurs petits chateaux le long de la rivierre de Meuse à la faveur desquels les ennemis font des courses sur ma frontiere et aportent beaucoup de ruines et d'incommodité à mes subject, je vous faict cette lettre pour vous dire que je désire que vous assembliez des troupes pour aller réduire ces châteaux et lorsque vous vous en serez saisy de les faire garder si vous voyez qu'il soit advantageux, ou de les faire raser si vous le trouvez pour le mieux, et je veux que vous assuriez par ce moyen-là la frontiere avant de vous en éloigner et de vous engager en de plus grandes affaires[1]. »

La situation des deux rives de la Meuse était en effet désolante : « Outre que les terres n'étaient pas ensemencées, dit le manuscrit de Denain, une grande quantité de vagabonds protégés par le seigneur du fief de Hugue, près Juvigny, de la maison de Housse, quoique vassal de Stenay, après s'être emparé de plusieurs châteaux aux environs, se mirent à piller les habitants de leurs villages et de ceux voisins qui n'osaient plus quitter leurs foyers, à voler tous les voyageurs et passants, ce qui rendait les chemins fort dangereux, le pays impraticable et ruinait le peu qui restait de

---

1. Archives historiques du ministère de la guerre.

commerce. Soutenus par les ennemis et ceux-ci guidés par eux, ils passèrent la Meuse le 8 mai, tombèrent sur le village de Beaufort, le pillèrent, le brûlèrent aux trois quarts, parcoururent quelques autres endroits, et, en reprenant par la prairie de Stenay, ils enlevèrent les vaches de la ville dont la perte fut évaluée à plus de 12,000 livres. »

La répression ordonnée par Louis XIII au maréchal de Chastillon fut des plus énergiques.

« Le maréchal de Chastillon, dit Denain, instruit de ces brigandages et pour les faire cesser, vint de Verdun à Stenay où il arriva le 18 juillet 1637 avec 7 pièces de canon et beaucoup de troupes. En chemin, il prit les châteaux de Velosnes et de Murveaux dont il fit pendre les gouverneurs. Voulant ensuite purger le pays de cette vermine, il fit venir de Soumiote et de Vandiculet des troupes qui y étaient cantonnées, puis divisant son armée en trois, il en donna une partie au sieur d'Aiguebonne, maréchal de camp, et l'autre au sieur de Bellefond, général du même grade. Le duc d'Aiguebonne fit, le lendemain 19, prendre le château d'Inor dans lequel commandait un nommé Jean Brancourt, ci-devant bourgeois et maréchal ferrant à Stenay, d'où il avait été chassé par le comte de Charost, et qui fut pendu avec deux autres à la porte pour avoir souffert quelques coups de canon qui avaient déjà fait brèche. D'Aiguebonne condamna les autres à servir à leurs dépens le Roi, trois ans, sous peine de la corde. De son côté, le sieur de Bellefond prit le 22 le château de Louppy, celui de Brouenne le 24, et celui de Chauvency le 29. Une partie de son corps qu'il envoya dans le Luxembourg se porta sur Orval, pilla cette maison le 22 août 1636 (1637) et cette abbaye fut entièrement brûlée le 11 septembre par le feu qu'il y mit aux quatre coins[1].

« Le maréchal de Chastillon, qui était parti de Stenay le 1er de ce mois pour aller faire le siège d'Yvoy, prit chemin faisant le château de la Ferté le 3, assiégea Yvoy le 4, et obligea le sieur de Brounn, Lorrain, qui en était gouverneur, à lui rendre cette place le 14 ; mais ledit de Brounn la reprit d'assaut le 13 septem-

---

1. Louis XIII fit une sorte d'amende honorable aux abbés et religieux de l'abbaye d'Orval, les dispensant, par ordonnance du 13 février 1638, en considération de l'incendie qu'ils avaient subi, du logement des gens de guerre, tant de cheval que de pied, mandant très expressément aux gouverneurs de Metz, Verdun, Mouzon, Stenay, Jametz, Dun, Maizières et Damvillers, de tenir la main à l'exécution de cette ordonnance qui fut affichée dans tous les lieux dépendant de l'abbaye.

bre suivant, pendant que le maréchal faisait le siège de Damvillers
qui se rendit après 68 jours de siège, le 27 octobre. »

Louis XIII attachait le *plus grand prix au succès du siège de
Damvillers*; il écrivait à M. de Vaubecourt, gouverneur de Champagne, de faire des levées d'hommes pour renforcer l'armée du
maréchal de Chastillon, « l'importance du siège de Damvillers
pour le bien de nos affaires, particulièrement pour nostre province
de Champagne, nous obligeant à songer particulièrement à tout
ce qui le peult advancer » (25 septembre 1637)[1].

Damvillers fut pris à la fin d'octobre 1637. Louis XIII et Richelieu en éprouvèrent une grande satisfaction que le roi exprima au
maréchal de Chastillon dans une lettre du 3 novembre 1637 :

« Mon cousin, j'ay apris par le sieur de Fontenay, lieutenant
colonel en mon régiment de Navarre, comme vous avez heureuse-
ment assuré le siège de Damvillers dans le temps que vous l'aviez
promis. Et j'ay reçu une extrême joye de la prise de cette importante place dont je vous sçay tout le gré que merite la grande
prevoyance, vigueur, générosité et diligence dont vous avez uzé
dans toute la conduite et direction d'un si considérable dessein,
vous assurant qu'il ne s'offrira jamais de moyen de vous en re-
congnoistre advantageusement que je ne l'embrasse de très bon
cœur. Il importe maintenant de bien réparer et munir cette place
pour la mettre en estat de se garantir de toutes les entreprises des
ennemis, de quoy je vous recommande d'avoir tous les soins con-
venables estant resolu de ne rien obmettre de ma part pour en
(*mots illisibles*).

« Cependant comme la reprise d'Yvoy par les ennemis est le
seul accident fascheux qui soit arrivé de delà depuis que vous
vous etes mis en campagne je désirerois quoy que la saison soit
un peu advancée qu'auparavant de mettre les troupes en garnison
vous pussiey recouvrer cette place parce que ce seroit une conclusion très glorieuse des desseins de cette campagne et qui m'a-
porteroit un très grand contentement. Cependant je remets la
chose à votre prudence m'assurant bien que si elle est possible
vous ne manquerez pas de l'entreprendre, et sur ce je prie Dieu,
etc.[2] »

De 1637 à 1638, Yvoy fut trois fois pris et repris. Le 3 août

1. Archives historiques du ministère de la guerre.
2. Archives historiques du ministère de la guerre.

1639, « Sa Majesté ayant fait prendre la ville d'Ivoy dans le Luxembourg et ayant résolu pour ı sûreté de sa frontière de la faire démolir en toute diligence[1] », des réquisitions furent adressées aux officiers des prévôtés de Mouzon, Châlons, Reims, Rethel, à l'effet d'envoyer le plus grand nombre de paysans possible pour cette démolition. La malheureuse ville fut complètement rasée, y compris l'église ; elle fut rebâtie plus tard sous le nom de Carignan.

Un procès fut intenté au gouverneur français qui avait rendu la place.

Le 30 septembre 1637, le roi écrivait au maréchal de Chastillon :

« Mon cousin, jugeant qu'il importe grandement à mon service et à l'honneur de mes armes, pour lequel je scay que vous n'avez pas moins d'affection que d'interest, que ce qui est imputé au sieur de Briguenault de la surprise d'Yvoy soit veriffié et qu'il en soit fait justice, j'envoye par dela le sieur Gobelin, maître des requestes ordinaire de mon hostel, pour prendre cognoissance de cette affaire, et pour la juger, suivant qu'il estimera plus à propos, sur le lieu où est ledit Briguenault ou dans le conseil de guerre assemblé en maditte ville de Mouzon au nombre perf[é] par mes ordonnances..... Escrit à Saint-Maur des fossés le xxx septembre 1637[2]. »

L'instruction traîna en longueur. Briguenault, transféré à Mouzon, s'évada avec la complicité, prétendit-on, d'un capitaine au régiment de Bussy-Lameth, nommé d'Argy.

En novembre 1637, Stenay était attaqué. « Cette entreprise des ennemis était repoussée par la vigilance et valleur du sieur de Thibaut, gouverneur[3]. »

Le manuscrit de Denain en contient le récit très complet :

« Le procureur du roi au bailliage poursuivait Ferry Maclot, seigneur engagiste de Baalon, pour avoir contre son serment de fidélité prêté au roi entre les mains du sieur de la Nauve, pris parti dans les troupes du duc Charles et autres ennemis, et il obtint contre lui le 26 septembre une sentence qui déclara ses biens confisqués et le condamna aux dépens.

---

1. Archives historiques du ministère de la guerre.
2. Archives historiques du ministère de la guerre.
3. François de Thibaut, seigneur de St-Euruge, maréchal des camps et armées du Roi, gouverneur de Stenay, Dun et Jametz.

« Ce Maclot avait déjà été condamné par un conseil militaire
tenu par le comte de Charost le 26 septembre 1635 et se trouvait
précisément dans Damvillers lors du siège. Craignant d'être arrêté,
il demanda au maréchal de Chastillon la permission de se retirer
à Marville, ville neutre alors, sous prétexte de renoncer à tout
parti contre l'État. Muni de la permission, et aussi infidèle que
mauvais sujet, il n'en usa que pour former avec André Cantelmo,
gouverneur de Luxembourg, et le sieur de Brouan, une entreprise sur la citadelle de Stenay. La nuit du 23 au 24 novembre,
temps convenu, Maclot fit porter, par un sien domestique, des
échelles dans le fossé auprès du bastion d'Esne au sud de la citadelle, et à quatre heures du matin il vint avec Cantelmo et Brouan
à la tête de 3,000 fantassins et 1,200 chevaux, guidés par un
nommé Gilles Vincent, de Nevant, qui la veille et plusieurs jours
devant était venu faire ses reconnaissances dans Stenay. Les ennemis montèrent en effet sur les échelles, mais comme elles se trou-
vèrent trop courtes, le bruit d'une qui se rompit et de la chute de
plusieurs hommes qui étaient dessus éveilla la garnison qui re-
poussa l'ennemi, avec perte de nombre des leurs, tant tués que
blessés. Le sieur de Sousse, capitaine dans le régiment de la
Borde, et de garde cette nuit-là, se distingua dans le combat qui
dura une heure et demie. Le procès fut fait à nouveau à Maclot
qui fut condamné par contumace à être pendu, et Vincent, qui fut
pris, subit corporellement cette peine en exécution de l'arrêt du
souverain rendu par le lieutenant-général du bailliage et autres
juges commis par le sieur Villarceau, intendant de la Lorraine et
du Barrois, le 24 février 1638. »

*
* *

Richelieu s'efforçait de faire retomber sur les pays occupés une
partie des frais de la guerre. Le 2 février 1636, commission fut
donnée à l'intendant de la justice, police et finances de l'armée
de Lorraine, de s'emparer de tous les grains existant dans les
châteaux pour les transporter dans ses magasins, « ayant esgard
de laisser aux seigneurs desdits châteaux ce que vous jugerez
estre nécessaire pour leur provision jusqu'à la prochaine récolte[1] ».
Le 30 mars 1637, les habitants de Langres, Chaumont, Saint-

---

1. Bibliothèque nationale : *Collection de Lorraine,* t. 16.

Dizier et Joinville recevaient l'ordre de fournir 2,000 rations de pain par jour aux troupes du duc de Weimar. Quand les garnisons quittaient les villes, il devait leur être fourni quinze jours de vivres. Le 17 avril 1638, l'ordre suivant était adressé aux habitants de Bar :

« Chers et bien amés, ayant résolu de vous soulager de la despense que vous recevez par le logement et de la subsistance des compagnies suisses du régiment du colonel Molondon qui sont en garnison à Bar nous envoyons nos ordres à chacune desdites compagnies pour sortir et marcher à la campagne, ce que nous entendons qu'ils fassent au plus tost, et considérant qu'il est nécessaire de leur donner moien de subsister dans les lieux de leur route, nous voulons et nous enjoignons très expressément que vous ayez à leur délivrer leur subsistance pour quinze journées à compter de l'instant de leur départ à la ration pour laquelle vous la leur aviez fournye jusques à prés[t], sans y apporter aucun délay ni difficulté et que n'y faicte faute sous peine de désobéissance[1]. »

Le même jour, des injonctions identiques étaient adressées aux habitants de Toul, de Dun et de Commercy. Le 17 mai 1638, la ration à fournir à chaque soldat par les habitants de Bar était fixée à « une pinte de vin et le pain à raison de 24 onces cuict et rassis entre bis et blanc et trois sols en argent au lieu de viande ».

Stenay se plaignait d'avoir été surchargé outre mesure : « Quoique les Sténéens ainsi accablés (par la peste et l'incendie), dit Denain, fussent encore réduits à la famine — car ils réunissaient les trois grands fléaux à la fois — le roi par son ordonnance du 13 septembre (1636) les obligea de fournir la subsistance, l'entretien, même la solde de la garnison[2], ce qui dura jusqu'au 26 décembre que le roi, en les remerciant de leur zèle et les exhortant de lui continuer leur affection pour le bien de son service, modéra cette imposition pour quatre mois, après lesquels il fallut recom-

---

1. Archives historiques du ministère de la guerre.
2. La solde était ainsi fixée par cette ordonnance : « Il est ordonné aux Maires, Eschevins et principaux habitans des villes de Sathenay et de Dun de fournir et deslivrer aux gens de guerre estans en garnison dans lesdittes places :

$$110^{tt} \text{ au capitaine}$$
$$60^{tt} \text{ au lieutenant}$$
$$45^{tt} \text{ à l'enseigne}$$
$$\text{et } 25^{tt} \text{ à chacun sergent}$$

et aux soldats chacun quatre sols par jour, outre le pain de munition pour leur subsistance. »

mencer la même fourniture. Suivant le compte rendu le 13 juin suivant, le nombre des rations fournies par la ville depuis le 7 septembre précédent jusqu'au 1er dudit mois de juin, s'est monté à 118,196 livres — pourquoi il a fallu jeter sur les habitants une taille qui s'est portée à près de 20,000 livres. »

Quand une ville ou des particuliers, invoquant des exemptions ou des privilèges, s'avisaient de réclamer, ils étaient menacés de toutes les rigueurs de la loi :

« De par le Roy,

« Sur ce qui a esté reporté a Sa Majesté par les habitans de la ville de Stenay, Qu'au préjudice de l'ordonnance de sa dicte Majesté du XXII⁰ octobre dernier portant entr'autres choses que tous habitans de la dicte ville exempts et non exempts privilegiez et non privilegiez paieront selon leurs cottes les contributions nécessaires pour la subsistance et entretenement des gens de guerre qui sont en garnison en la dicte ville Aucuns d'entreux auroyent reffusé d'y obéir, Et Sa Majesté voulant y pourvoir, Elle a de nouveau ordonné et ordonne tres expressement a tous les habitans de la dicte ville de Stenay exempts et non exempts privilegiez et non privilegiez de quelque qualité et condition qu'ils soyent, de payer et contribuer les deniers et autres choses necessaires pour la subsistance et entretenement des gens de guerre qui sont en garnison dans la dicte Ville.

« Veut sadite Majesté qu'a ce faire ils soient contraintz par les Voyes accoutumees pour ses deniers et affaires. Mandant au sieur de Villarceaux conseiller de Sa Majesté en ses Conseils, maître des requestes ordinaire de son hostel, président en Conseil souverain de Nancy et Intendant de la justice, police et finances en Lorraine, Barrois, Eveschez de Metz, Toul et Verdun et Alsace, de tenir la main à l'exécution de la présente ordonnance, laquelle sera exécutée nonobstant opposiōns ou apellaōns quelconques.

« Faict à Sainct Germain en Laye le XXVIII d'avril 9C trente-sept.

« LOUIS[1]. »

Quelques habitants de la ville de Bar ayant invoqué des motifs d'exemption, il leur fut répondu, le 28 janvier 1639 :

« De par le Roy,

« Sa Majesté ayant été informée que plusieurs habitans de la

---

1. Archives historiques du ministère de la guerre. — La date du 28 avril 1637 est ainsi écrite dans l'original.

ville de Bar prétendent s'exempter du logement des gens de guerre qui y sont en garnison et de la contribution pour leur subsistance, ce qui faict que toute la charge tombe sur les plus pauvres qui en sont grandement foullés et pourroyent estre accablez entièrement s'il n'y estoit promptement pourveu,

« Sa Majesté ordonne et mande très expressément à tous les hans de ladite ville de Bar, de quelque qualité et condition qu'ils soyent, de loger les gens de guerre qui leur seront baillez par bulletin ou autrement, en la manière accoustumée en ladite ville, et de fournir leur cotte-part de ladite subsistance, le tout a peine d'estre punis comme désobéissans[1]. »

Cependant à l'impossible nul ne peut être tenu. Les habitants de la plupart des lieux, où les gens de guerre avaient à loger, s'enfuyaient aussitôt qu'ils les voyaient approcher. Les terres demeuraient incultes et la famine était menaçante. Il fallut prendre des mesures. Le 15 avril 1638 était publiée une nouvelle ordonnance.

« De par le Roy,

« Sa Majesté estant bien informée que la pluspart des terres de la Lorraine demeurent incultes, tant a cause des courses de quelques troupes ennemies que parce que ceux qui lèvent des contributions pour l'entretenement des gens de guerre et qui prétendent, quelques debtes contre les homes de la campagne font saisir les chevaux de labour, Sa Majesté ordonne très expressément à tous les homes dudit pays de labourer, semer les terres avec assurance, qu'ils seront protégés par les troupes, deffend Sa Majesté à toutes personnes, de quelque qualité et condition qu'elles soyent, de prendre, saisir et emmener, par les voyes de justice ou autres, les chevaux ou mesmes bestes servans au labourage pour debtes ou pour contribuõns ou pour quelque autre même occasion ou prétexte qui se puisse estre à peine d'amende et de punition exemplaire. Enjoignant Sa Majesté au sieur d'Ocquincourt, gouverneur, et son lieutenant général en Loraine et Barois et aux gouverneurs particuliers des places dudit pays, de tenir la main à la publicquõn et observacn de la prnte comme aussy de fournir des soldatz de leurs garnisons pour favoriser et tenir en seureté ceux qui labourent les terres à peine de respondre des presses desdites

---

1. Archives historiques du ministère de la guerre.

personnes, desdits chevaux et charues, en leur propre et privé nom[1]. »

Ces encouragements et ces injonctions n'avaient pas grand effet, car, trois mois plus tard, le 27 juin 1638, les riches prairies des bords de la Meuse étaient dans un complet abandon. Tout le foin de la récolte allait être perdu. Il fut ordonné d'assembler le plus grand nombre possible de paysans pour le faire faucher et transporter à Mézières, Donchery, Mouzon, Stenay, Dun, Jametz et Damvillers.

Le 4 janvier 1645, les gouverneurs des places le long de la rivière de Meuse, de Verdun à Mézières, recevaient l'ordre de faire faucher, couper ou brûler tous les foins abandonnés.

Charles IV rôdait sans cesse autour de son duché, y pénétrant chaque fois qu'il trouvait l'occasion favorable et y ramenant tous les fléaux de la guerre. Il surprenait quelques places qu'il ne pouvait pas conserver longtemps.

Il reparaissait en 1638. Le 12 février 1638, M. de Guébriant, maréchal des camps et armées, recevait l'ordre d'attaquer Vesoul, « tandis que le duc de Weymar entrerait dans la franche montagne où était l'armée du duc Charles, et faciliterait l'exécution d'une entreprise de grande conséquence sur le Rhin[2] ».

Turenne, alors maréchal des camps et armées, était également opposé au duc de Lorraine. Le 22 mai 1638, il recevait ordre de conduire la cavalerie qu'il avait ramenée de Liège « contre le duc Charles qui était entré avec quelques troupes dans le Bassigny », et menaçait, disait-on, Nogent-le-Roi. La position de celui-ci n'était pas brillante, car à la même époque (21 mai 1638) il écrivait, de son camp proche de Beaujeu, en Bassigny, au duc Maximilien de Bavière :

« J'entretiens icy mes gens en estat le mieux qu'il m'est possible pour combattre l'Ennemy, quoique je manque de canons, de pouldres et de munitions de guerre qu'on me faict esperer bientost, tout cela ne m'empeschera pas de faire changer de marche à mon armée, pour favoriser les desseins de V. A.[3]. »

Le roi en faisait part, les 23 et 25 mai 1638, au duc d'Anghien[4]

---

1. Archives historiques du ministère de la guerre.
2. Archives historiques du ministère de la guerre.
3. Bibliothèque nationale : *Collection de Lorraine*, t. 16.
4. Dans tous les documents du temps, le nom du duc d'Anghien s'écrit par un A.

et aux maréchaux de Brézé et de la Force : « J'envoie, disait-il, mon cousin le vicomte de Turenne, en toute diligence… avec un bon corps de cavalerie et quelques troupes d'infanterie qu'il pourra assembler en marchant… encore que je croye qu'il (le duc Charles) n'est pas en estat de rien entreprendre de bien considérable, néantmoins pour ne luy pas laisser gaigner aucun advantage ni permettre qu'il pille et brusle ma frontière[1]. »

Le 12 juin 1638, des instructions adressées à Turenne lui prescrivaient de réunir des troupes en Lorraine, de prendre les châteaux de Moyen, d'Arnay, de Remiremont et de Bourbonne et les autres places étant dans ces quartiers-là tenues par le duc Charles, de les faire raser et démolir. Charles IV s'emparait encore, pendant cette campagne, de Baccarat et de Rambervillers. Le 16 août 1638, Louis XIII écrivait au duc d'Anghien : « Je fais passer en Lorraine l'armée commandée par mon cousin le duc de Longueville et je luy donne ordre de nettoyer toutes ces petites places occupées par les ennemis et d'asseurer entièrement mon obéissance dans tous ce pays-là[2]. »

En octobre, Lunéville ouvrait ses portes au duc Charles. Cette ville importante, voisine de Nancy, fut reprise le mois suivant par le duc de Longueville. Le gouverneur qui l'avait rendue, M. de Pédamont, fut mis en jugement. Le 30 octobre 1638, commission était donnée aux sieurs Gobelin et Legras de faire le procès au sieur de Pédamont, gouverneur de Lunéville, « pour avoir lâchement abandonné cette place bien qu'il y eust les forces suffisantes pour s'y deffendre et qu'il n'eust aucune raison de commettre une telle faute[3] ». M. de Pédamont fut transféré à la Bastille.

Au milieu de toutes ces péripéties, avis était expédié, le 7 septembre 1638, « de l'heureux accouchement de l Royne », avec ordre de publier cette nouvelle, de chanter le *Te Deum* et de faire tirer le canon. Le roi faisait envoyer, à Notre-Dame de Lorette, « un ange d'argent représentant un enfant d'or de la plus exquise manière qu'il est possible, en reconnaissance de la naissance du Dauphin, après XXII ans de mariage, sans avoir eu lignée[4] ».

---

1. Archives historiques du ministère de la guerre.
2. Archives historiques du ministère de la guerre.
3. Archives historiques du ministère de la guerre.
4. Archives historiques du ministère de la guerre.

*
* *

Le danger couru par l'armée d'occupation de la Lorraine fut très sérieux, lorsque M. de Feuquières, gouverneur de Verdun, échoua dans son entreprise contre Thionville. Ce projet avait été préparé avec une grande sollicitude par le cardinal de Richelieu.

Le 28 janvier 1639, M. de Feuquières avait été appelé à Paris, « désirant, disait la lettre royale, vous faire scavoir mes volontés et recevoir vos advis sur l'employ de l'armée dans laquelle je désire me servir de vous en la campagne prochaine[1] ».

A la suite de ce voyage, le 17 mars 1639, M. de Feuquières avait été nommé au commandement d'une armée : le 2 avril, ordre avait été donné de compléter les régiments qui la composaient. Le but de cette campagne était soigneusement caché ; les dépêches adressées à M. de Feuquières n'en parlaient qu'à mots couverts. Louis XIII lui écrivait, le 1er mai 1639 :

« Monsieur de Feuquières, ayant veu la depesche que vous avez faicte au sieur de Noyers du XXIXe du mois passé et considérant toutes les raisons que vous aportes pour faire congnaistre quau lieu de surseoir l'execuõn du grand dessein auquel je me suis proposé d'employer mon armée que vous commandés, vous estimés advantageux de la continuer et mesme que c'est le meilleur moyen pour deconcerter tous les desseins que les ennemis pourroyent former en la conjoncſion présente, Je les ay trouvées si fortes et de tel poids que je suis facilement tombé dans vostre sentiment, ce que j'ai bien voullu vous faire incontinent scavoir par cette depesche et vous dire que j'aprouve toutes les raisons qui vous portent à l'exécution de ce dessein, et que je ne désire pas moins que vous mesme de vous y scavoir attaché, m'asseurant bien que vous prendrez vos mesures de sorte apres avoir recongnu les forces que vous aurez, le temps dans lequel vous les pourrez faire agir et l'estat de celles des ennemis, vous n'entreprendrez rien qu'avec esperance d'un bon succes lequel je souhaite en une si importante occasion, non seulement pour la gloire de mes armes et l'avantage des affaires publiques, mais pour la satisfaction que j'en recevray de voir comme vous aurez respondu à l'attente que j'ay toujours eue de votre bonne conduicte. Je remets

---

1. Archives historiques du ministère de la guerre.

donc entièrement à votre disposition d'entreprendre tout ce que vous estimerez plus à propos en ce rencontre et vous recommande surtout que si vous prenes party de l'attaque principale comme je desire que vous soiés en puissance de ce faire, vous le faciez si diligemment et la conduisiez avec tant de vigueur que, s'il y a moien, vous vous rendiez maître de la place avanque les ennemis puissent être a vous ou s'ils vous previennent et s'approchent de vous vous suiviés sans hésiter (*mots illisibles*) que vous me faites par votre mémoire d'aller droit à eux et de les combattre espérant que Dieu favorisera la justice de mes armes et la droiture de mes intentions, vous donnant (*mots illisibles*) qu'il serait etre nécessaire pour le bien de la paix dont je le prie instamment de tout mon cœur et qu'il vous ait, Monsieur de Feuquières, etc. »

En marge Louis XIII avait ajouté :

« Je désire que vous me fassiez scavoir souvent de vos nouvelles et particulièrement que vous me teniez adverty du jour que vous pourrez commencer la grande attaque que vous scavez[1]. »

Depuis cette date jusqu'au mois de juin 1639, Richelieu ne cessa de s'occuper d'envoyer à l'armée de M. de Feuquières des renforts, des vivres et des munitions. Le 3 mai 1639 il lui adressa même six pères jésuites, qui ne paraissent pas lui avoir servi à grand'chose. L'entreprise échoua complètement. Le 7 juin 1639, M. de Feuquières, blessé, fut fait prisonnier, et son armée fut forcée de lever précipitamment le siège de Thionville. On fut un instant fort inquiet pour Metz, pour Verdun et même pour la Champagne. Des renforts furent envoyés dans toutes les places.

M. de Grancey, qui avait rallié les débris de l'armée, avait reçu l'ordre de s'arrêter à Metz. C'est là que lui fut adressé, ainsi qu'à M. de Roquépine, gouverneur de Metz, un ordre daté du 22 juin 1639, qui révélait combien étaient vives les inquiétudes du cardinal :

« Monsieur de Rocquespine, Monsieur le comte de Grancey, voullant pourvoir de toutes façons en la seureté de Metz, il n'est pas a propos dans la saison pñte de tenir toutes les cinq portes ouvertes comme elles sont, je vous faict cette lettre pour vous dire que vous ayez à n'en laisser que trois ouvertes, scavoir celle de Mozelle, du Pont aux Mores et du Pont à Mafré faisant fermer et meurer en diligence celle des Allemands, Et aportant telles dili-

---

1. Archives historiques d. ministère de la guerre.

gences à la garde de cette place que vous ne puissiez estre surpris [1]. »

De Thionville, Piccolomini s'était dirigé sur Montmédy, menaçant les places fortes de la Meuse ; il vint mettre le siège devant Mouzon.

Mais ce mouvement avait été prévu. Dès le 11 juin, le maréchal de Chastillon avait reçu l'ordre de couvrir cette frontière : « Vous debvez marcher droit à Maizières par le plus court chemin pour assurer Mouzon, Stenay et toute la Champagne, vous opposant sans rien hazarder à tout ce que les ennemis voudroyent entreprendre [2]. »

Mouzon avait pour gouverneur M. de Refuge, qui tint tête à Piccolomini en attendant l'arrivée du maréchal de Chastillon, dont l'approche suffit pour dégager la forteresse. Le 24 juin 1639, le roi écrivait au gouverneur de Mouzon :

« Monsieur de Refuge, J'ay sceu par le sieur de Maure avec combien de soin, de prudence et de générosité vous avez défendu Mouzon contre l'armée commandée par le comte Picolominy. »

Richelieu ne rendit pas M. de Feuquières responsable de son échec. Le roi écrivit le 16 juin une lettre de condoléance à Mme de Feuquières, dans laquelle il demandait des nouvelles de son mari blessé et disait : « J'ay bien sceu qu'il y avait signalé sa valleur et son zèle pour mon service. Maintenant j'aprends qu'il est en vie [3]. » Il fit négocier son échange avec un général-major de l'armée des Impériaux.

Des félicitations furent également adressées aux survivants du combat de Thionville, spécialement à l'infanterie. Mais une enquête fut ordonnée au sujet de la conduite d'une partie de la cavalerie. Le 24 novembre 1639, le marquis de Praslin, le vicomte de Lignon et le comte de Saint-Aignan reçurent l'ordre « de casser et de chasser les officiers de leurs régiments qui avaient été notés pour avoir fuy au combat de Thionville [4] ».

*
* *

Dans les premiers jours d'août 1639, le roi se rendit en personne à Mouzon où il séjourna avec Richelieu pendant une quinzaine

---

1. *Archives historiques du ministère de la guerre.*
2. *Archives historiques du ministère de la guerre.*
3. *Archives historiques du ministère de la guerre.*
4. *Archives historiques du ministère de la guerre.*

3

de jours. Il y reçut la nouvelle d'un succès important remporté sur le duc Charles par M. du Hallier, commandant l'armée d'occupation de la Lorraine. Il lui écrivit le 3 août 1639 :

« Monsieur du Hallier, J'ay apris avec beaucoup de satisfaction et de joye comme vous avez defaict les troupes du duc Charles de cavallerie et infanterie qui estoyent à Morhange. Cet advantage est d'autant plus considérable que vous avez attaqué les ennemis avec moins de forces qu'ils n'en avoyent, et que vous avez taillé en pièces et fait prisonniers les deux meilleurs régiments de cavalerie et trabans, (*mots illisibles*) d'infanterie qui restoyent au duc Charles... Je désire que vous assuriez tous ceux qui m'ont servi au combat de Morhange du gré que je leur en scay [1]. »

À Stenay, on avait un instant espéré la visite du roi et du cardinal. « On comptait à Stenay, dit Denain, sur l'arrivée du roi, mais il resta à Mouzon. On avait cependant préparé le vin de ville et fait des préparatifs pour la réception. Assurés qu'il ne viendrait pas, les officiers municipaux députèrent vers lui le sieur Feroi, un de leurs échevins, pour avec le maire de Dun solliciter auprès de lui la décharge des contributions que le sieur de Thibaut, gouverneur, exigeait des deux villes, montant à 250 livres, et celle de la fourniture des bois et chandelles aux corps de garde. On ne voit pas qu'elle ait été accordée, les mêmes fournitures ayant continué. Le vin de ville fut donc donné au maréchal de Chastillon, campé avec son armée, partie à Nevant, partie à Louppy, où il resta quinze jours et aux autres officiers principaux, en reconnaissance de ce qu'il avaient ménagé les empouilles du ban de la ville. »

La lassitude commençait à s'emparer des plus belliqueux. Le duc Charles faisait faire à Louis XIII des propositions d'armistice. Catherine de Lorraine, abbesse de Remiremont, fille du duc Charles III, qui venait de repousser une attaque conduite par Turenne, insistait pour obtenir la neutralité de Remiremont. Louis XIII venait de quitter Mouzon, se rendant à petites journées à Lyon et à Grenoble par Sainte-Menehould, Saint-Dizier, Joinville, Vignory, Dijon et Chalon-sur-Saône. Arrivé à Grenoble, il écrivit le 24 septembre 1639 à M. du Hallier au sujet de la neutralité de Remiremont, Épinal, Arches, Saint-Dié et Bruyères, lui recommandant de « conclure cette affaire puisqu'elle est si

---

1. Archives historiques du ministère de la guerre.

fort désirée de la part du duc Charles et de ladite dame abbesse de Remiremont [1] ».

La situation de la Lorraine était en effet effroyable. Tout a été dit à ce sujet par les écrivains du temps. M. Petit de Baroncourt, d son *Histoire d'Étain*, ne résume que trop fidèlement l'état de ce malheureux duché :

« Des armées d'Allemands, de Français, de Suédois, de Polonais, de Hongrois et de Lorrains eux-mêmes, aussi cruels que les autres envers leurs compatriotes, passent sans fin sur la province et la ruinent. Les villes sont démolies et incendiées, les campagnes dépeuplées, et la famine avec la peste détruisirent littéralement les trois quarts des habitants du pays. Trois cents villes perdirent leurs murailles, plusieurs bourgades furent démolies si complètement qu'elles ont perdu jusqu'à leur nom, et que la place qu'elles occupaient est encore déserte aujourd'hui. Un confesseur de Louis XIII s'écriait douloureusement : *Sola Lotharingia Hierosolimam calamitate vincit*. La Lorraine est la seule dont les calamités aient surpassé celles de Jérusalem. »

C'est à peine si, çà et là, on rencontre quelques recommandations de modération et d'humanité. Le 30 décembre 1637, Louis XIII, informé des désordres commis par les troupes de l'armée du Luxembourg, « battant la campagne, prenant mes subiects à rançon comme s'ils estoyent ennemis et leur faisant des violences extrêmes [2] », menaçait cette soldatesque de châtiments exemplaires.

Ces menaces trop platoniques restaient sans effet.

Les habitants fuyaient dans les bois où ils périssaient de misère. Des troupes de loups avaient pris possession des villages abandonnés, et durent être tués par centaines quand la paix fut rétablie.

Trop rarement les populations avaient le courage de se défendre, même contre l'ennemi. Les habitants de Rémilly, village situé entre Mouzon et Sedan, donnèrent l'exemple d'une résistance que Louis XIII voulut honorer par une ordonnance du 13 janvier 1639 :

« Le Roy ayant esté bien informé que les habitants du village de Rémilly ont fait cognoistre leur zèle à son service en diverses occasions, mesme au passage dernier des ennemis par la rivière

---

1. Archives historiques du ministère de la guerre.
2. Archives historiques du ministère de la guerre.

de Meuze proche dudit Rémilly où lesdits habitants les ont beaucoup incommodés et ont tué sur la place plus de six vingt hommes de pied et cinquante chevaux, Sa Majesté veut et ordonne qu'ils soyent deschargés de tout logement de gens de guerre et toutes contribuōns pour la subsistance d'iceux pendant la présente guerre, à la charge qu'ils continueront à deffendre ledit passage de la Meuze proche d'eux, et que tous les habitants dudit village capables de porter armes serviront à empescher les courses des ennemis sur la frontière et à faire la guerre contre eux en toutes les occasions qui se présenteront et lorsqu'il leur sera com̄andé par Sa Majesté ou ses lieutenants gn̄raux en ses armées, maréchaux de camp et autres ayant autorité sur ses troupes et dans Charleville. Mande et ordonne, etc.[1]. »

Sedan appartenant encore au duc de Bouillon, c'était de Charleville que dépendait Rémilly.

Charles IV, à bout de ressources, se décida à se rendre à Paris pour y implorer le pardon de Louis XIII.

Il y arriva le 9 mars 1641. Le 2 avril, il signa un nouveau traité qui porte dans son préambule :

« Le véritable repentir que le duc Charles de Lorraine a fait plusieurs fois témoigner au roi du mauvais procédé qu'il a eu depuis dix ou douze ans envers Sa Majesté, la supplication qu'il lui est venu faire en personne de lui remettre et pardonner ce que le désespoir lui pourroit avoir fait dire ou faire au préjudice du respect qu'il reconnaît lui devoir, et les assurances qu'il donne qu'à l'avenir il sera inséparable des intérêts de cette couronne ont tellement touché Sa Majesté qu'elle s'est volontiers laissée aller aux sentiments chrétiens et aux mouvements de la grâce qu'il a plu à Dieu lui donner sur ce sujet. »

Par ce traité, le roi consentait à le remettre en possession du duché de Lorraine et de celui de Bar relevant de la Couronne. Il lui était imposé de rendre présentemei̇t la foi et hommage de ces deux duchés au roi, comme aussi de celle de tous les États dont il jouissait, à l'exception de ce qui s'ensuit :

« 1° Du Comté et de la place de Clermont, de toutes leurs appartenances et dépendances qui demeureront à l'avenir pour jamais unis à la Couronne.

« 2° Des Places, Prévôtés et Terres de Stenay et de Jamétz, qui

---

demeureront aussi à jamais à Sa Majesté et à ses successeurs Rois,
pour toujours en propriété, avec tout le revenu d'icelles, et tous
les villages et territoires qui en dépendent.

« 3° De la ville de Dun et faux bourgs d'icelle qui demeurera
aussi en propriété à S. M. et à ses successeurs. »

Nancy et les villages de la banlieue de Nancy devaient rester en
dépôt entre les mains du roi seulement pendant la guerre pour
être rendus au Duc dans l'année que la paix serait conclue. La
Place de Marsal devait être rasée avec interdiction d'y faire aucune fortification. Le duc devait donner libre passage en ses États
à toutes les troupes que Sa Majesté voudrait faire passer, soit en
Alsace, ou autre lieu d'Allemagne, soit dans le Luxembourg, ou
en la Franche-Comté, et leur faire fournir des vivres par étapes,
le roi les payant au prix courant du pays.

Enfin, le duc devait joindre toutes ses troupes à celles du roi,
lesquelles troupes feraient serment à Sa Majesté de la bien et fidèlement servir sous l'autorité du duc.

Autorité bien nominale, il faut le reconnaître, la frontière de la
Lorraine étant ouverte du côté de la France et sa capitale restant
entre les mains des Français.

Le baron Hennequin dit dans ses Mémoires qu'avant la signature de ce traité il ne fut d'abord question que de la cession de
Clermont, Jametz et Stenay ; que le duc, à la lecture qu'on lui en
fit, ne pouvant dissimuler combien il était outré de l'injustice du
cardinal, lui dit avec vivacité : *Eh bien! prenez encore Dun!*
et que Charles fut pris au mot.

Une cérémonie très solennelle eut lieu pour assurer la fidèle
exécution de ce traité. Une expédition portant la date du 5 avril
1641 est conservée aux archives historiques du ministère de la
guerre ; elle est ainsi conçue :

« Monsieur le duc de Lorraine a juré l'observation du traité
faict avec le Roy à Saint-Germain-en-Laye le 2ᵉ avril 1641 en la
manière et cérémonie qui ensuit :

« Le Roy est venu entendre vespres en la chapelle du chasteau
accompagné de M. Charles, duc de Lorraine et de Bar, MM. les
Maréchaulx de La Force et de Chastillon, M. le Grand Escuyer,
Monseigneur le cardinal duc de Richelieu estoit entré dans la cha-
pelle un peu auparavant le Roy, et avec luy M. le chancelier,
M. Bouthillier, surintendant, Messeigneurs de la Vrillière, de
Chavigny et de Noyers, secrétaires d'Estat.

« Sa Majesté s'est assise à l'ordinaire sur son drap de pied dans sa chaire, et la Reyne qui est entrée presque au mesme temps s'est assise où elle a accoustumé à droite du Roy sur un pliant vacant au-dessus. M. le duc de Lorraine ayant un pliant derrière luy avec un carreau dessus s'est tenu longtemps debout, après que le Roy luy ayant faict signe de s'asseoir il la faict. Et le Roy s'estant levé sur la fin de vespres, M. de Lorraine s'est aussy levé et sont demeurés debout pendant le reste des vespres.

« Monseigneur le cardinal est demeuré debout pendant vespres bien qu'il eust un pliant derrière luy. Tout le reste de la compagnie est demeurée debout et (*mot illisible*) durant vespres et toute la cérémonie. M. le Chancelier, M. le Surintendant et MM. les secrétaires d'Estat sont aussy demeurés debout et en leur (*mot illisible*) d'autour du Roy.

« M. de Lorraine s'asseyant à (*mot illisible*).

« Mgr le cardinal témoignast ne se vouloir pas asseoir qu'après luy, mais après quelque signe que Monseigneur le cardinal lui a faict il s'est assis. Durant vespres M. l'évesque de Meaux, premier aumônier du Roy, s'est mis avec son rochet et son camail à la droite du Roy, le confesseur de Sa Majesté avec son rochet et bonnet carré et les aumosniers du Roy aussy avec leurs rochets et bonnetz à l'accoustumée.

« Vespres estant achevés, M. le premier aumosnier est venu avec sa croix et sa mitre, un des clercs de la chapelle du Roy tenant le livre de la Sainte Messe en les mains devant luy et s'estant approché du prie-Dieu du Roy, Sa Majesté s'est mise à genoux et ayant la main sur les Évangiles a juré l'observaõn dudit traité. Ensuite de quoy M. de Lorraine qui estoit derrière Sa Majesté est venu aussy jurer ladite observance à gauche dudit prie-Dieu du Roy, et sestant mis à genoux sans carreau le Roy lui en faict aporter sur lequel il s'est mis et a faict ledit serment[1]. »

Une note sans signature accompagne cette expédition : « Il est à remarquer que le duc de Lorraine estant venu trouver le Roy, sur une simple asseurance que Sa Majesté le traisteroit favorablement, deux ou trois jours après son arrivée et avant que le traicté faict avec luy fust signé il alla trouver le Roy de Paris à Saint-Germain-en-Laye et se jetta jusques à trois fois à deux genoux

---

1. Expéditions, 1641, t. 67.

demandant très humblement pardon à Sa Majesté des fautes qu'il avait commises. »

Richelieu paraît avoir cru que Charles IV se regarderait comme lié par un serment aussi solennel. Il le combla de prévenances et de témoignages de confiance. Trois mois ne s'étaient pas écoulés que le duc Charles, rémis en possession de la plupart de ses forteresses, manquait à tous ses engagements et que la guerre devait recommencer. Du moins le bon droit le plus certain était du côté de la France.

Le génie de Richelieu avait discerné combien il était indispensable d'assurer la frontière de l'Est du royaume. La Lorraine, devenue depuis si française par le cœur, ne pouvait être laissée ouverte aux entreprises et aux intrigues de nos ennemis. Le traité du 2 avril 1641 n'était qu'une étape qui devait conduire à une assimilation complète, réalisant les vœux d'une province dont Charles-Quint constatait déjà, au siècle précédent, l'inclination pour la France.

(Extrait inédit de l'*Histoire militaire de Dun-le-Chastel*.)

Nancy, imprimerie Berger-Levrault et Ci^e.